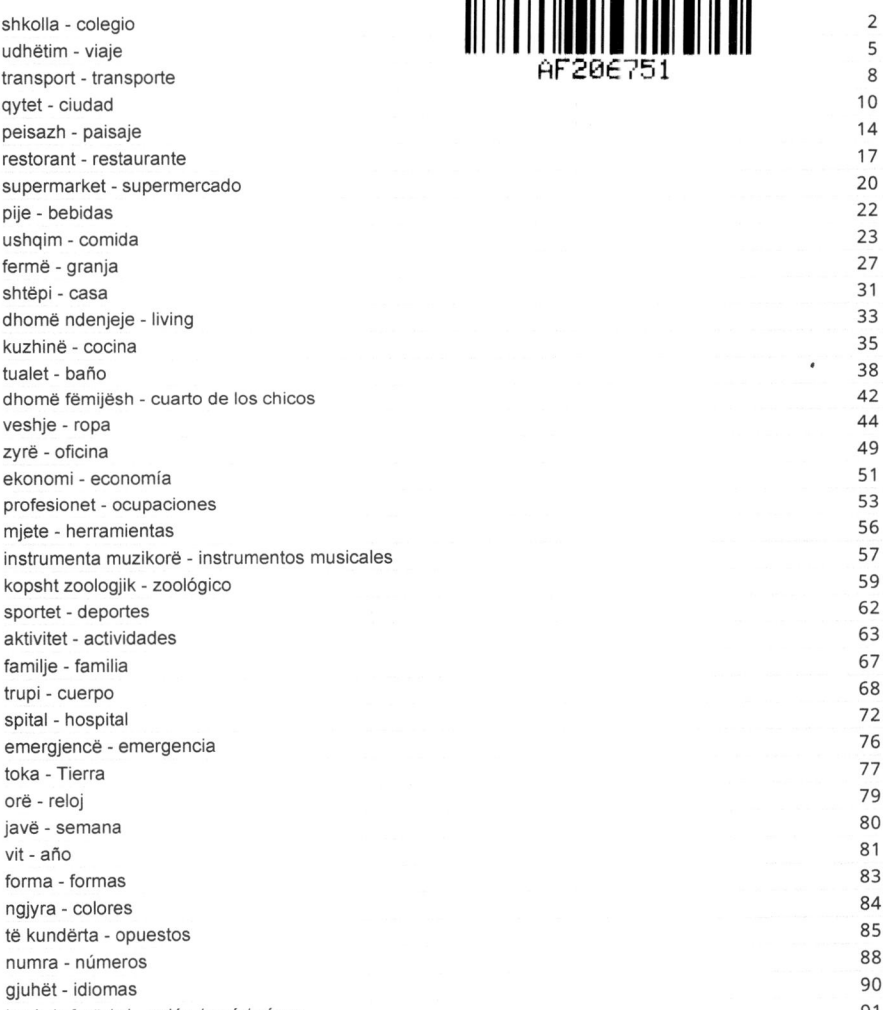

Impressum
Verlag: BABADADA GmbH, Nedderfeld 112 , 22529 Hamburg
Geschäftsführer / Verlagsleitung: Harald Hof
Druck: Books on Demand GmbH, In de Tarpen 42, 22848 Norderstedt

Imprint
Publisher: BABADADA GmbH, Nedderfeld 112 , 22529 Hamburg, Germar y
Managing Director / Publishing direction: Harald Hof
Print: Books on Demand GmbH, In de Tarpen 42, 22848 Norderstedt

shkolla

colegio

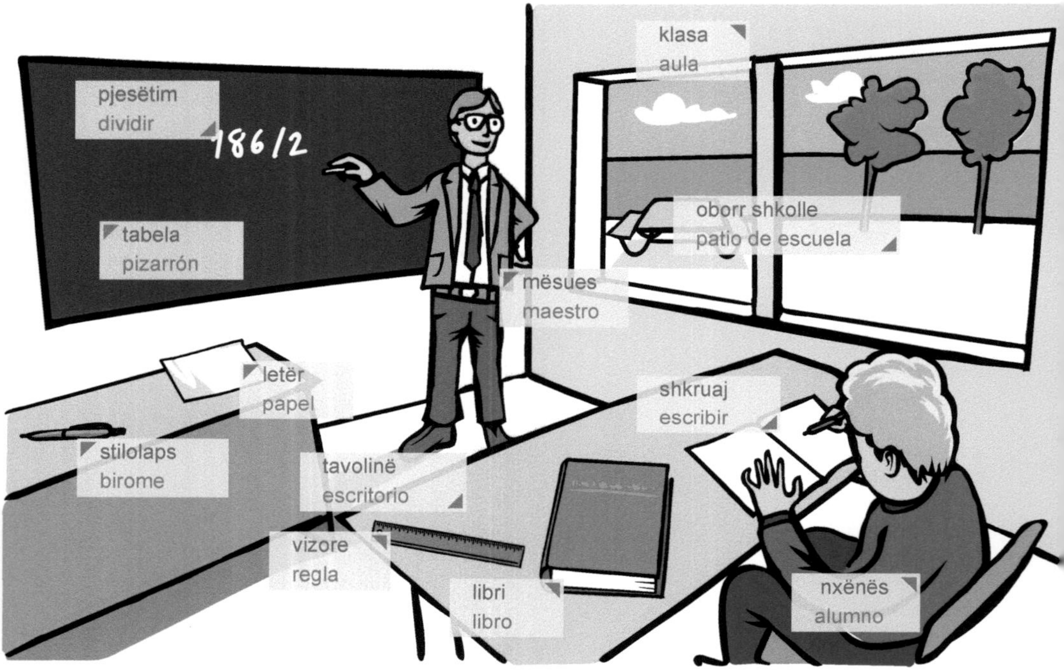

klasa
aula
pjesëtim
dividir
186/2
tabela
pizarrón
oborr shkolle
patio de escuela
mësues
maestro
letër
papel
shkruaj
escribir
stilolaps
birome
tavolinë
escritorio
vizore
regla
libri
libro
nxënës
alumno

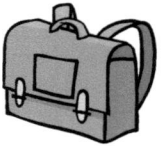

çantë

mochila

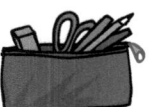

mbajtëse lapsash

caja de lápices

laps

lápiz

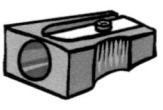

mprehës lapsash

sacapuntas

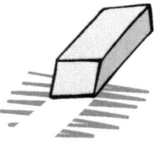

gomë

goma (de borrar)

fletore vizatimi

bloc de dibujo

vizatim

dibujo

penel

pincel

kuti bojërash

caja de pinturas

gërshërë

tijera

ngjitës

pegamento

fletore detyrash

cuaderno de ejercicios

detyrë shtëpie

tarea

numër

número

mbledh

sumar

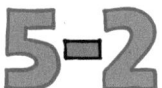

zbres

restar

shumëzoj

multiplicar

llogaris

calcular

gërmë

letra

alfabeti

abecedario

fjalë

palabra

tekst

texto

lexoj

leer

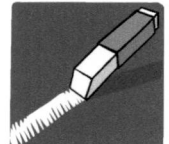

shkumës

tiza

mësim

lección

regjistër

cuaderno de clase

provim

examen

çertifikatë

certificado

uniformë shkolle

uniforme escolar

arsimim

educación

enciklopedia

enciclopedia

universitet

universidad

mikroskop

microscopio

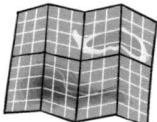

hartë

mapa

kosh letrash

tacho (de basura)

udhëtim
viaje

hotel
hotel
Grand
bujtinë
hostel
ROOMS
pikë këmbimi valutor
casa de cambio
valixhe
valija
makinë
auto

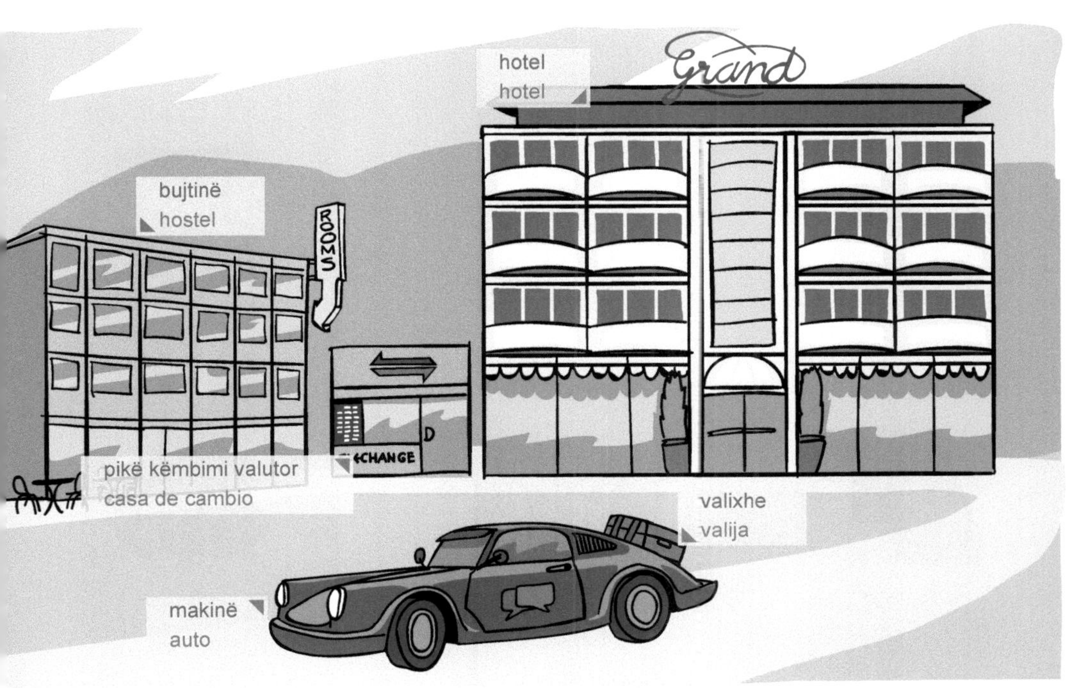

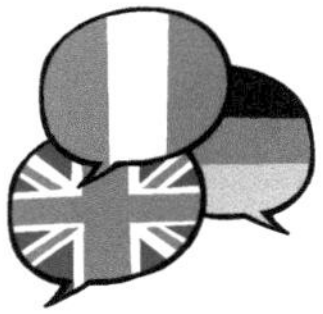

gjuhë
idioma

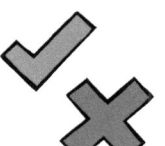

po / jo
sí / no

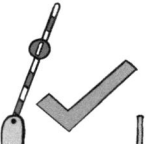

Në rregull
Está bien

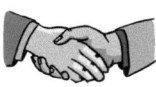

ç'kemi
hola

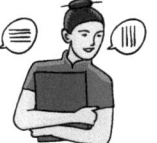

përkthyes
traductor

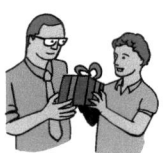

Faleminderit
Gracias

sa kushton…?

¿cuánto cuesta…?

nuk e kuptoj

No entiendo

problem

problema

Mirëmbrëma!

¡Buenas tardes!

Mirëmëngjes!

¡Buenos días!

Natën e mirë!

¡Buenas noches!

mirupafshim

adiós

drejtim

dirección

bagazhet

equipaje

çantë

bolso

çantë shpine

mochila

mysafir

invitado

dhomë

habitación

thes gjumi

bolsa de dormir

tendë

carpa

udhëtim - viaje

informacion për turistët

información turística

plazh

playa

kartë krediti

tarjeta de crédito

mëngjes

desayuno

drekë

almuerzo

darkë

cena

Biletë

pasaje

ashensor

ascensor

pulla

sello

kufi

frontera

doganë

aduana

ambasadë

embajada

vizë

visa

pasaportë

pasaporte

transport
transporte

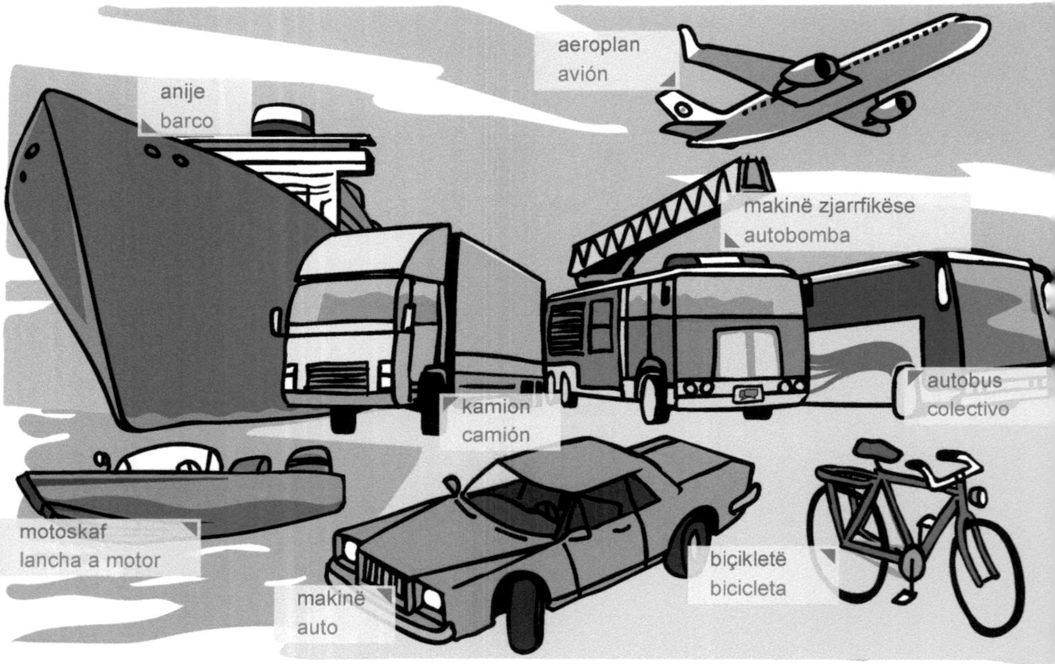
aeroplan
avión
anije
barco
makinë zjarrfikëse
autobomba
autobus
colectivo
kamion
camión
motoskaf
lancha a motor
biçikletë
bicicleta
makinë
auto

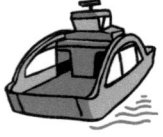

traget

ferry

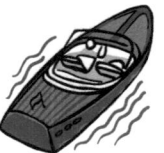

varkë

bote

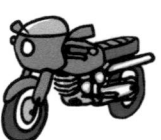

motoçikletë

moto

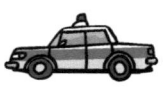

makinë policie

patrullero

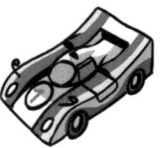

makinë garash

auto de carreras

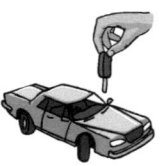

makinë me qira

auto de alquiler

ndarje e qirasë së makinës

alquiler de autos

karroatrec

grúa

makinë plehrash

camión de basura

motor

motor

benzinë

nafta

pikë karburanti

estación de servicio

sinjalistikë trafiku

señal de tránsito

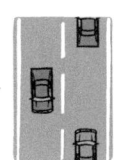

trafik

tránsito

bllokim trafiku

embotellamiento

parkim makinash

estacionamiento

stacion treni

estación de tren

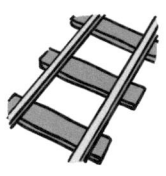

trase

vías

tren

tren

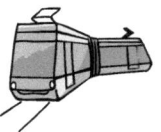

tramvaj

tranvía

karro

vagón

transport - transporte

helikopter

helicóptero

aeroport

aeropuerto

kullë

torre

pasagjer

pasajero

kontenier

contenedor

kuti kartoni

caja de cartón

qerre

carretilla

shportë

canasta

ngrihem / ulem

despegar / aterrizar

qytet
ciudad

fshat

pueblo

qendra e qytetit

centro de ciudad

shtëpi

casa

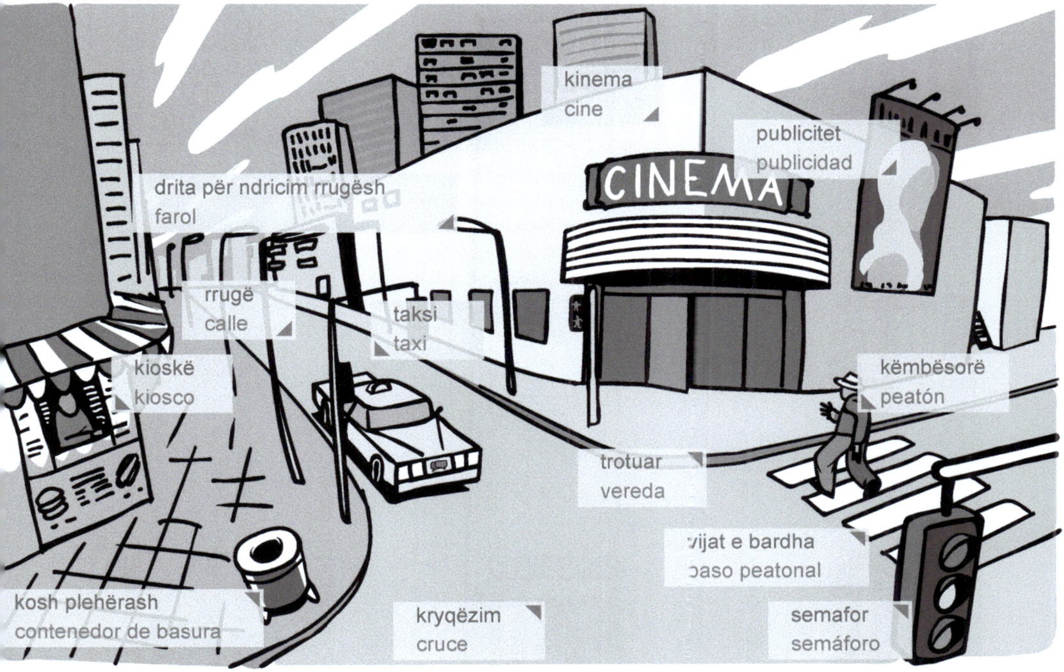

kinema
cine

publicitet
publicidad

drita për ndricim rrugësh
farol

CINEMA

rrugë
calle

taksi
taxi

kioskë
kiosco

këmbësorë
peatón

trotuar
vereda

vijat e bardha
paso peatonal

kosh plehërash
contenedor de basura

kryqëzim
cruce

semafor
semáforo

kasolle
cabaña

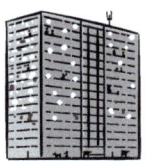

apartament
departamento

stacion treni
estación de tren

bashki
municipalidad

muze
museo

shkolla
colegio

universitet

universidad

bankë

banco

spital

hospital

hotel

hotel

farmaci

farmacia

zyrë

oficina

librari

librería

dyqan

negocio

dyqan lulesh

florería

supermarket

supermercado

market

mercado

mapo

grandes tiendas

dyqan peshku

pescadería

qëndër tregtare

centro comercial

port

puerto

qytet - ciudad

park

parque

stol

banco

urë

puente

shkallë

escaleras

metro

subte

tunel

túnel

stacion autobuzi

parada del colectivo

bar

bar

restorant

restaurante

kuti postare

buzón

sinjalistikë rrugcre

letrero

kohëmatës parkimi

parquímetro

kopsht zoologjik

zoológico

pishinë

pileta

xhami

mezquita

fermë
....
granja

ndotje
....
contaminación

varrezë
....
cementerio

kishë
....
iglesia

shesh lojërash
....
juegos infantiles

tempull
....
templo

peisazh
paisaje

gjethe
hoja

tabela orientuese
poste indicador

rrugë
camino

livadh
pradera

gurë
piedra

ekskursionist
excursionista

pemë
árbol

lumë
río

bar
hierba

lule
flor

luginë
valle

kodër
montaña

liqen
lago

pyll
bosque

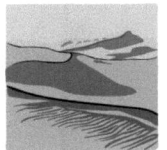

shkretëtirë
desierto

vullkan
volcán

kështjellë
castillo

ylber
arco iris

kepudhë
champiñón

palmë
palmera

mushkonjë
mosquito

mizë
mosca

milingonë
hormiga

bletë
abeja

merimangë
araña

peisazh - paisaje

brumbull

escarabajo

bretkosë

rana

ketër

ardilla

iriq

erizo

lepur

liebre

buf

lechuza

zog

pájaro

mjellmë

cisne

derr i egër

jabalí

dre

ciervo

dre brilopatë

alce

digë

presa

turbinë ere

aerogenerador

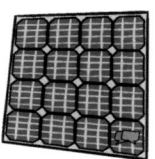

panel diellor

panel solar

klimë

clima

restorant

restaurante

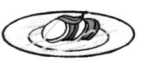

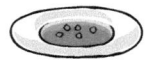

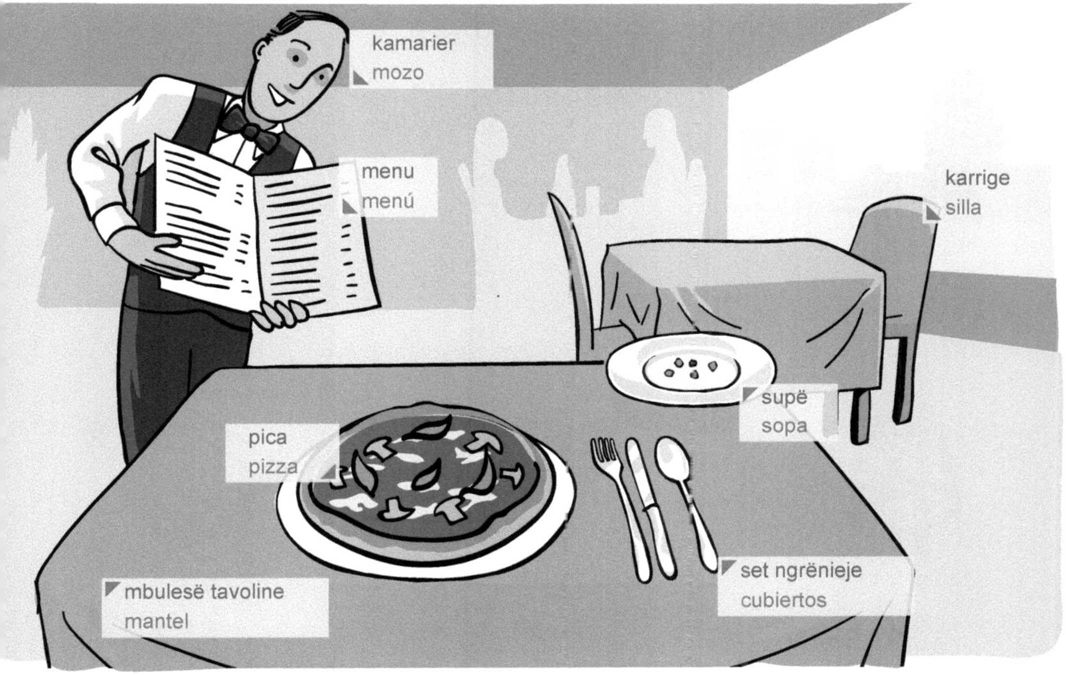

kamarier
mozo
menu
menú
karrige
silla
supë
sopa
pica
pizza
set ngrënieje
cubiertos
mbulesë tavoline
mantel

pjatë e parë

entrada

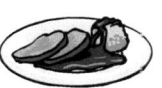

pjatë kryesore

plato principal

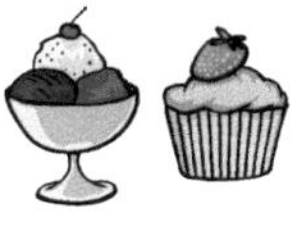

ëmbëlsirë

postre

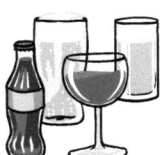

pije

bebidas

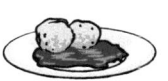

ushqim

comida

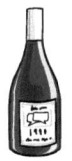

shishe

botella

ushqim i shpejtë

comida rápida

ushqim i shërbyer në rrugë

comida callejera

ibrik çaji

tetera

kuti sheqeri

azucarera

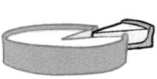

racion

porción

makinë kafeje ekspres

cafetera expreso

karrige e lartë

sillita alta

faturë

cuenta

tabaka

bandeja

thika

cuchillo

pirun

tenedor

lugë

cuchara

lugë çaji

cucharita

pecetë

servilleta

gotë

vaso

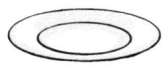

pjatë
plato

pjatë supe
plato hondo

pjatë filxhani
plato

salcë
salsa

mbajtëse kripe
salero

mulli piperi
molinillo de pimienta

uthull
vinagre

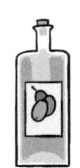

vaj
aceite

erëza
especias

keçap
kétchup

mustardë
mostaza

majonezë
mayonesa

supermarket
supermercado

ofertë speciale
oferta especial
FOR
klient
cliente
produkte bulmeti
lácteos
frut
fruta
karrocë pazari
changuito

BUTCHERS

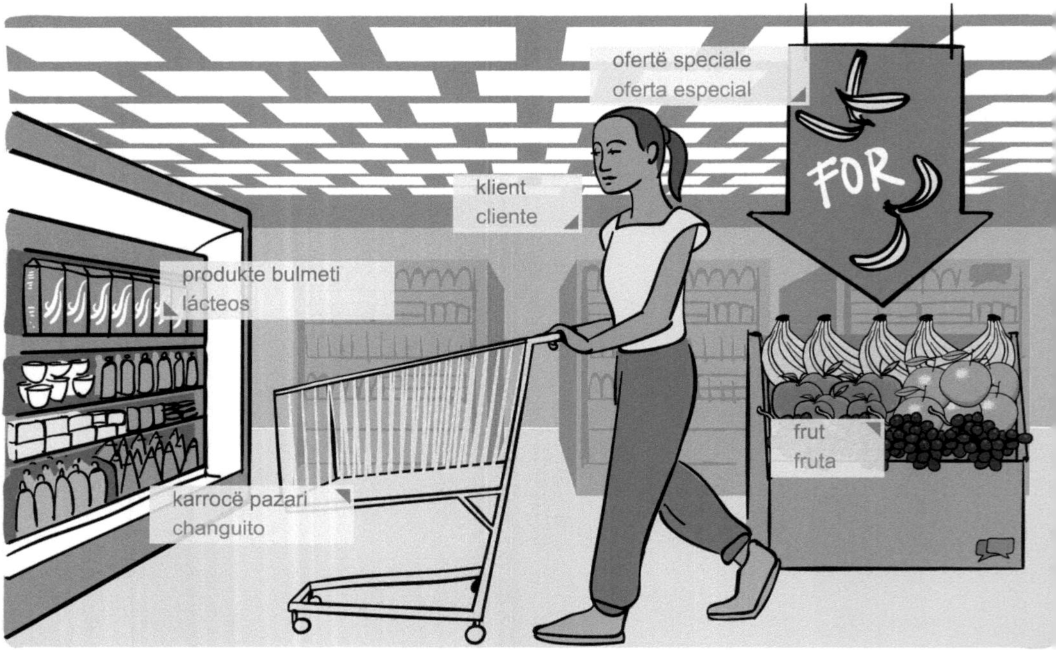

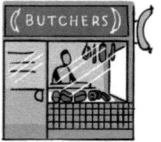

dyqan mishi

carnicería

BAKERY

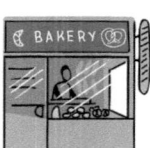

furrë buke

panadería

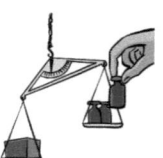

peshoj

pesar

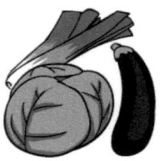

perime

verduras

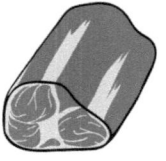

mish

carne

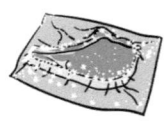

ushqim i ngrirë

alimentos congelados

copë
fiambres

ushqim i konservuar
alimentos enlatados

pluhur larës
detergente en polvo

ëmbëlsirat
golosinas

prodhime shtëpie
electrodomésticos

produkte pastrimi
productos de limpieza

shitëse
vendedora

kasë fiskale
caja

arkëtar
cajero

listë blerjeje
lista de compras

oraret e punës
horario de atención

portofol
billetera

kartë krediti
tarjeta de crédito

çantë
cartera

qese plastike
bolsa de plástico

ujë

agua

lëng frutash

jugo

qumësht

leche

koka-kola

bebida cola

verë

vino

birrë

cerveza

alkool

alcohol

kakao

cacao

çaj

té

kafe

café

kafe ekspres

café expreso

kapuçino

cappuccino

banane

banana

mollë

manzana

portokalle

naranja

pjepër

melón

limon

limón

karrotë

zanahoria

hudhër

ajo

bambu

bambú

qepë

cebolla

kërpudha

champiñón

arra

nueces

makarona

fideos

spageti

tallarines

oriz

arroz

sallatë

ensalada

patate të skuqura

papas fritas

patate të skuqura

papas fritas

pica

pizza

hamburger

hamburguesa

sanduiç

sándwich

shnicel

churrasco

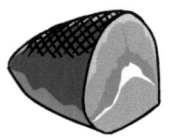

proshutë

jamón

sallam

salame

salçiçe

salchicha

pulë

pollo

skuq

asado

peshk

pescado

ushqim - comida

tërshërë

copos de avena

drithëra

muesli

kornfleiks

copos de maíz

miell

harina

kruasant

medialuna

panine

pancito

bukë

pan

tost

tostada

biskotë

galletitas

gjalp

manteca

gjizë

cuajada

tortë

torta

vezë

huevo

vezë sy

huevo frito

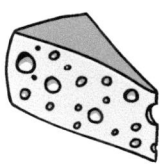

djathë

queso

akullore

helado

sheqer

azúcar

mjaltë

miel

marmaladë

mermelada

çokokrem

pasta de chocolate

këri

curry

shtëpi fermë
granja

hangar
granero

deng bari
fardo de paja

fushë
campo

kal
caballo

rimorkio
remolque

kërriç
potrillo

traktor
tractor

gomar
burro

qengj
cordero

dele
oveja

dhi
cabra

lopë
vaca

viç
ternero

derr
cerdo

derrkuc
lechón

dem
toro

patë

ganso

rosë

pato

zog pule

pollo

pulë

gallina

gjel

gallo

mi

rata

mace

gato

mi

ratón

buall

buey

qen

perro

kolibe qeni

cucha

zorrë vaditëse

manguera

vaditëse

regadera

kosë

guadaña

plug

arado

fermë - granja

drapër

hoz

shat

azada

kosa

horquilla

sëpatë

hacha

karrocë

carretilla

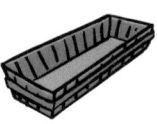

govatë

abrevadero

bidon qumështi

lechera

thes

bolsa

gardh

reja

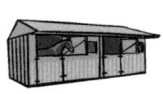

ahur

establo

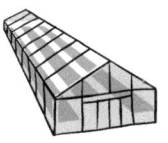

serë

invernadero

dhe

suelo

farë

semilla

pleh

fertilizador

autokombanjë

cosechadora

korr

cosechar

te korrat

cosecha

patate e ëmbël "Yam"

batatas

grurë

trigo

soja

soja

patate

papa

misër

maíz

raps

semilla de colza

pemë frutore

árbol frutal

zhardhok manioku

mandioca

drithëra

cereales

shtëpi
casa

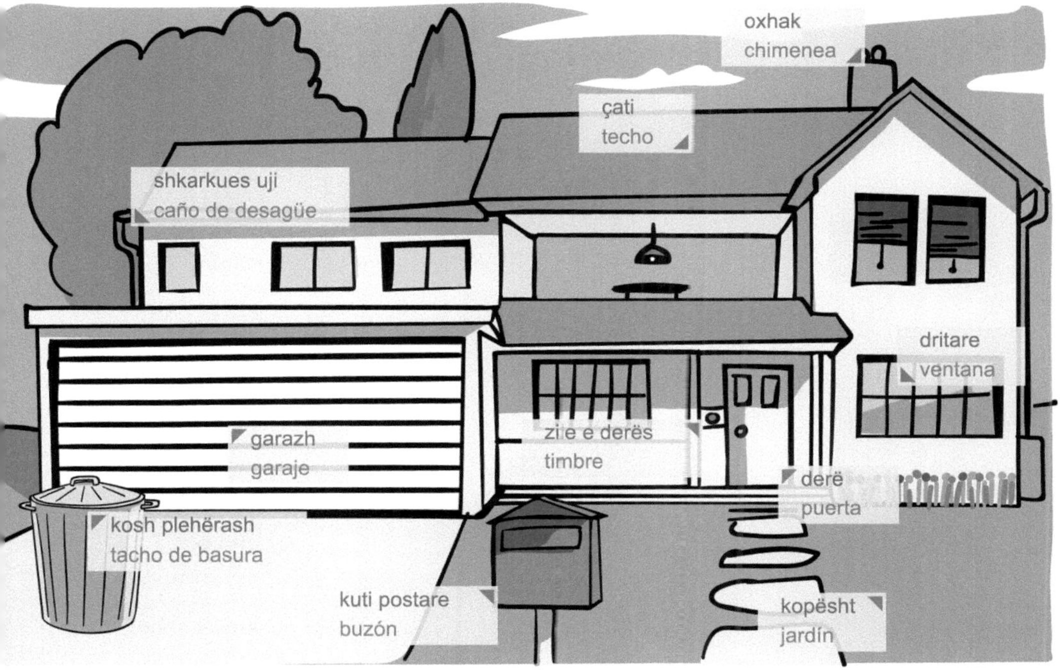

oxhak
chimenea
çati
techo
shkarkues uji
caño de desagüe
dritare
ventana
garazh
garaje
zile e derës
timbre
derë
puerta
kosh plehërash
tacho de basura
kuti postare
buzón
kopësht
jardín

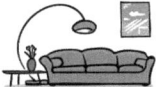

dhomë ndenjeje

living

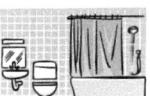

tualet

baño

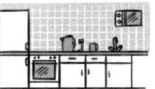

kuzhinë

cocina

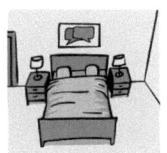

dhomë gjumi

dormitorio

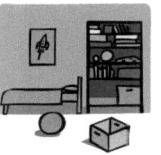

dhomë fëmijësh

cuarto de los chicos

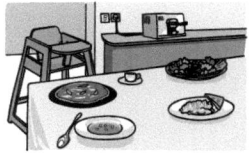

dhomë ngrënieje

comedor

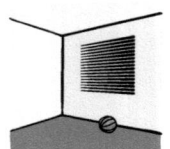

dysheme

piso

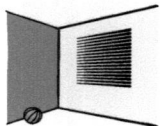

mur

pared

tavan

cielorraso

bodrum

sótano

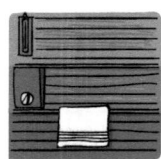

sauna

sauna

ballkon

balcón

tarracë

terraza

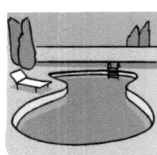

pishinë

pileta

kositëse bari

cortadora de pasto

çarçaf

sábana

kuvertë

acolchado

krevat

cama

fshesë dore

escoba

kovë

balde

çelës

interruptor

dhomë ndenjeje
living

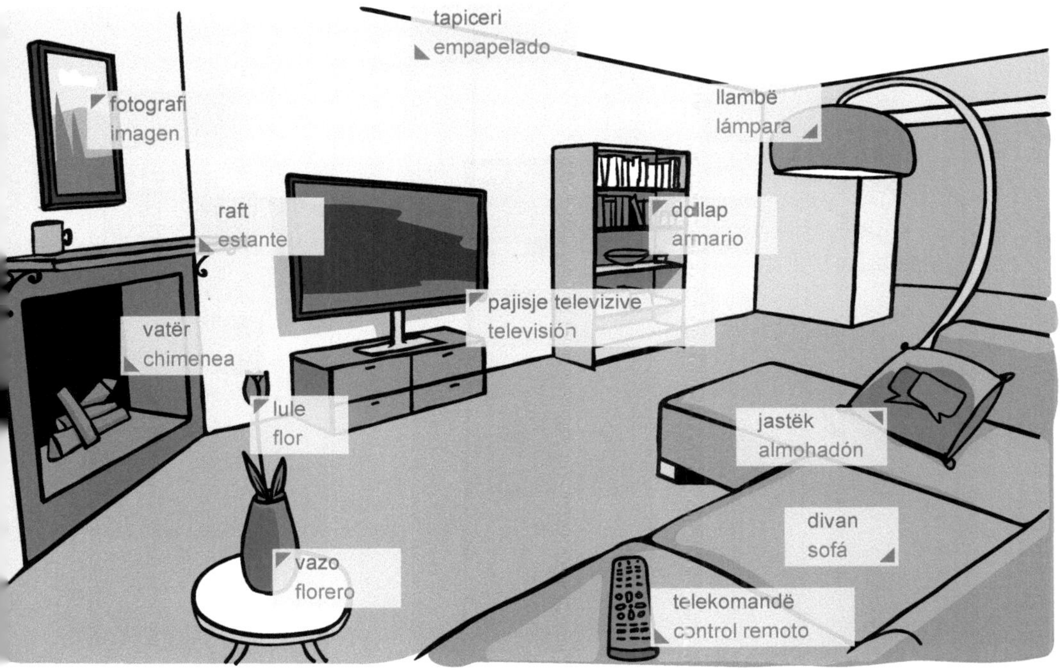

tapiceri
empapelado
fotografi
imagen
llambë
lámpara
raft
estante
dollap
armario
pajisje televizive
televisión
vatër
chimenea
lule
flor
jastëk
almohadón
divan
sofá
vazo
florero
telekomandë
control remoto

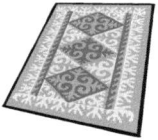

qilim

alfombra

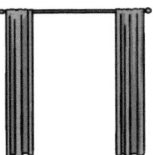

perde

cortina

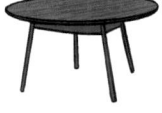

tavolinë

mesa

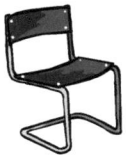

karrige

silla

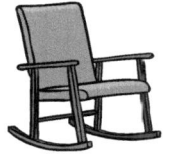

karrige lëkundëse

mecedora

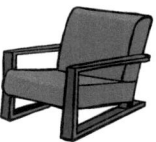

kolltuk

sillón

libri

libro

batanije

frazada

zbukurime

decoración

dru zjarri

leña

film

película

stereo

equipo de música

çelës

llave

gazetë

diario

pikturë

pintura

afishe

póster

radio

radio

bllok shënimesh

cuaderno

fshesë me korent

aspiradora

kaktus

cactus

qiri

vela

kuzhinë
cocina

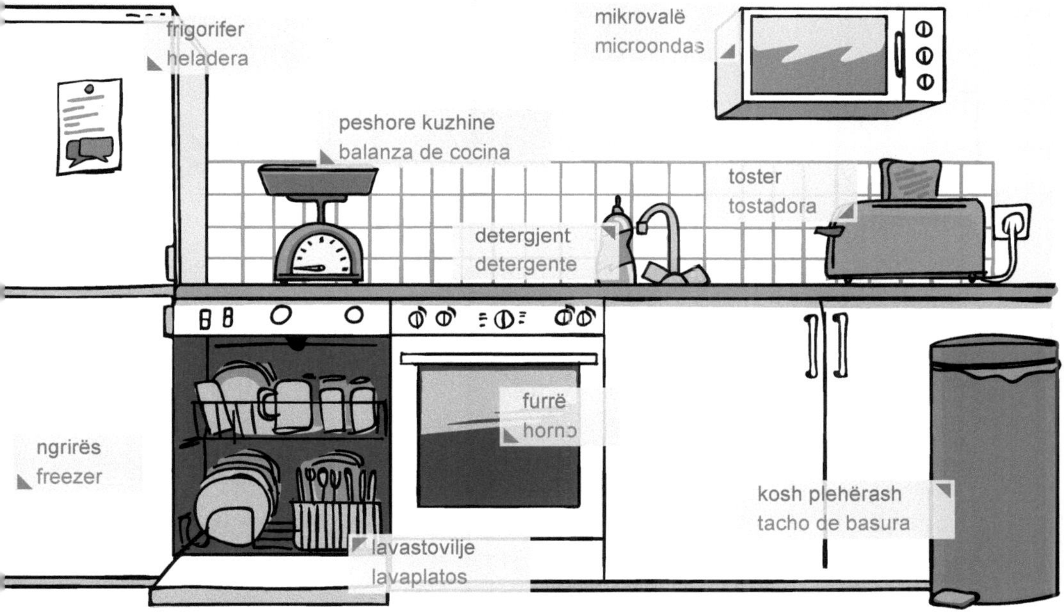
frigorifer
heladera
mikrovalë
microondas
peshore kuzhine
balanza de cocina
toster
tostadora
detergjent
detergente
furrë
horno
ngrirës
freezer
kosh plehërash
tacho de basura
lavastovilje
lavaplatos

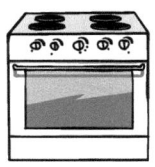

sobë

cocina

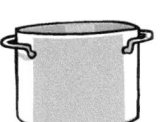

tenxhere

olla

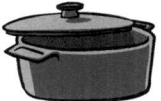

tenxhere me kapak

olla de hierro fundido

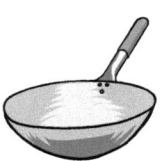

tigan special (Wok)

wok

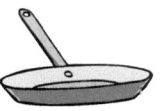

tigan

sartén

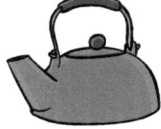

çajnik

pava

tenxhere me avull

vaporera

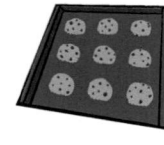

tavë pjekjeje

bandeja de horno

enë

vajilla

filxhan

taza

tas

bol

shkopinj

palitos

garuzhde

cucharón

spatul

estpátula

tel kuzhine

batidora

kulluese

colador

sitë

colador

rende

rallador

havan

mortero

skarë

parrilla

zjarr

fogata

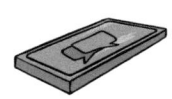

dërrasë për prerje

tabla de picar

okllai

palo de amasar

heqëse tapash

sacacorchos

kanaçe

lata

hapëse kanaçeje

abrelatas

rrobë për të kapur
tenxheren

manopla

lavaman

pileta

furçë

cepillo

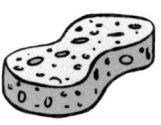

sfungjer

esponja

përzjerës

batidora

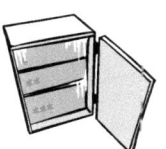

ngrirës

congelador

biberon për lëngje

mamadera

rubinet

canilla

kuzhinë - cocina

tualet

baño

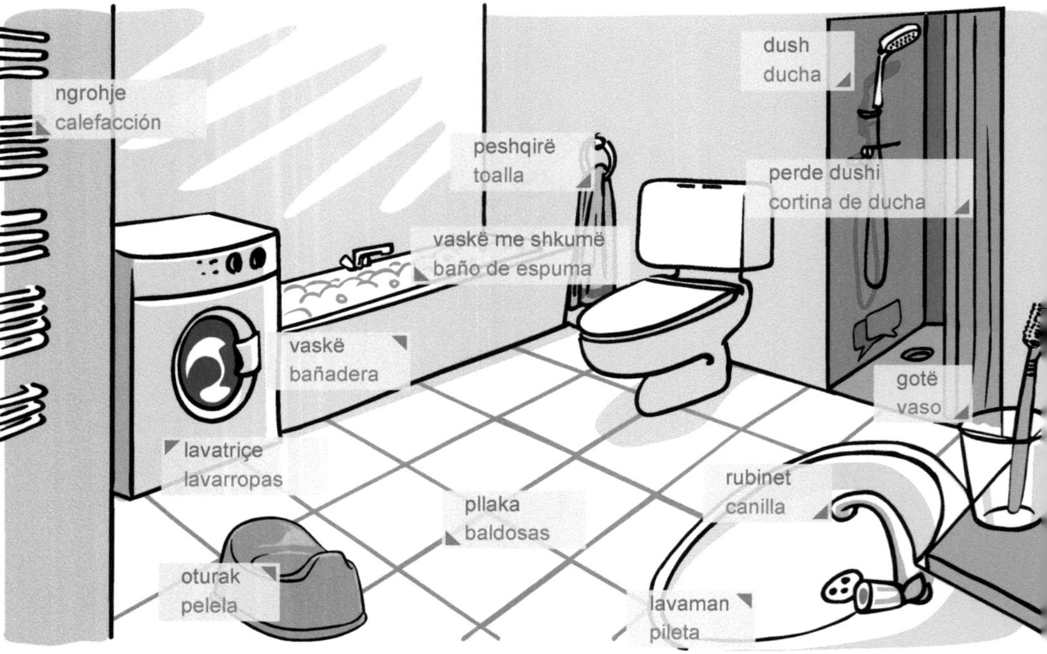

ngrohje
calefacción
peshqirë
toalla
dush
ducha
perde dushi
cortina de ducha
vaskë me shkumë
baño de espuma
vaskë
bañadera
gotë
vaso
lavatriçe
lavarropas
rubinet
canilla
pllaka
baldosas
oturak
pelela
lavaman
pileta

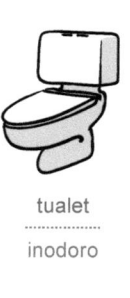

tualet

inodoro

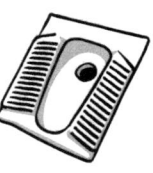

WC e sheshtë

letrina

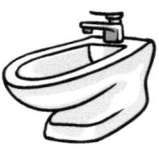

bide

bidé

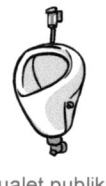

tualet publik

mingitorio

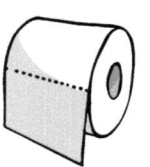

letër higjienike

papel higiénico

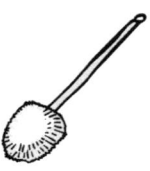

furçe për WC

cepillo para el inodoro

furçë dhëmbësh

cepillo de dientes

pastë dhëmbësh

dentífrico

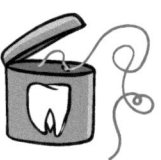

fije dentare

hilo dental

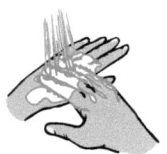

laj

lavar

dorezë dushi

ducha de mano

larës për zonën intime

ducha higiénica

legen

palangana

furçë për masazh shpine

cepillo para espalda

sapun

jabón

shampo trupi

gel de ducha

shampo

shampoo

leckë pastruese

toallita

kullues

desagüe

krem

crema

antidjersë

desodorante

pasqyrë

espejo

pasqyrë dore

espejito

brisk rroje

maquinita de afeitar

shkumë rroje

espuma de afeitar

locion pas rrojes

aftershave

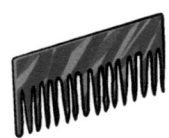

krehër

peine

furçë

cepillo

tharëse flokësh

secador de pelo

llak për flokët

spray

grim

maquillaje

buzëkuq

lápiz de labios

manikyr

esmalte para uñas

mbushje pambuku

algodón

gërshërë për thonj

tijera para uñas

parfum

perfume

çantë për sendet personale

portacosméticos

Stol

banqueta

peshore

balanza

robëdëshambër

bata

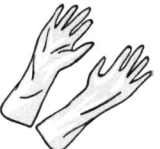

dorashka gome

guantes de goma

tampon

tampón

peceta higjienike

toallita femenina

tualet I lëvizshëm

baño químico

dhomë fëmijësh
cuarto de los chicos

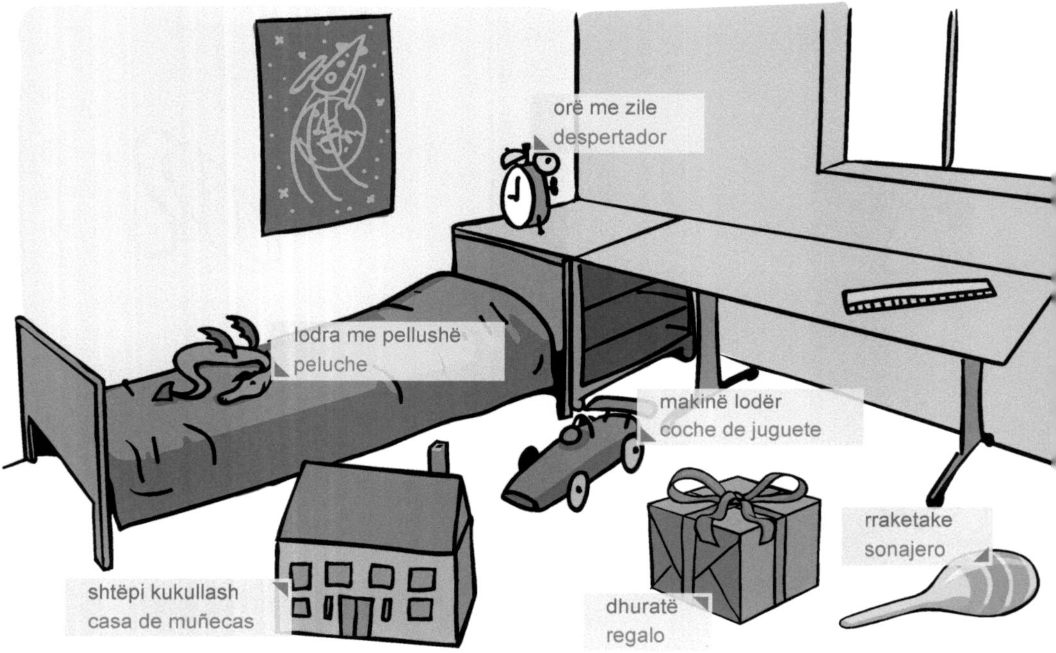

orë me zile
despertador
lodra me pellushë
peluche
makinë lodër
coche de juguete
rraketake
sonajero
shtëpi kukullash
casa de muñecas
dhuratë
regalo

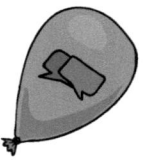

tollumbace

globo

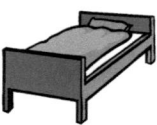

krevat

cama

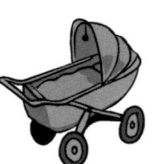

karrocë fëmijësh

cochecito

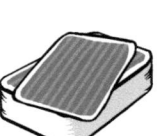

lojë me letra

cartas

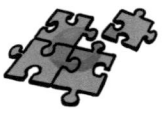

bashkim pjesësh me figura

rompecabezas

SUPER
MEGA

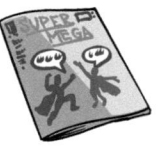

komik

historieta

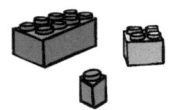

formuese lodër

piezas de lego

kuba plastikë

ladrillos de juguete

lodra

figura de acción

badi

enterito (de bebé)

frizbi

frisbee

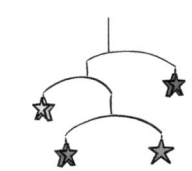

lodra të varura tek krevati i fëmijëve

móvil para bebés

tavolinë lojërash

juego de mesa

zare

dados

model treni

tren eléctrico

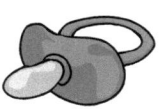

biberon

chupete

festë

fiesta

libër me ilustrime

libro de cuentos ilustrado

top

pelota

kukull

muñeca

luaj

jugar

grumbull rëre

arenero

kolovarëse

hamaca

lodra

juguetes

leva për lojra video

consola de videojuegos

triçikël

triciclo

arush prej pellushi

osito de peluche

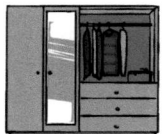

garderobë

armario

veshje

ropa

çorape

medias

çorape të gjata

medias panty

geta

calzas

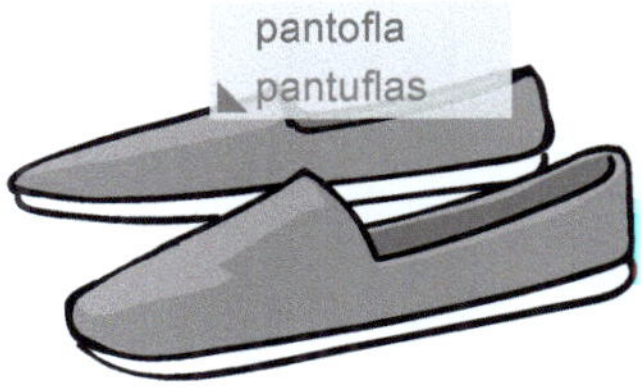

shall
bufanda

çadër
paraguas

bluzë pa jakë
remera

rrip
cinturón

çizme
botas

pantofla
pantuflas

atlete
zapatillas

sandale
....
sandalias

këpucë
....
zapatos

çizme llastiku
....
botas de goma

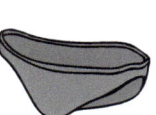

të mbathura
....
ropa interior

reçipeta
....
corpiño

kanotierë
....
chaleco

trup
body

pantallona
pantalones

xhinse
jeans

fund
pollera

bluzë
blusa

këmishë
camisa

pulovër
pulóver

triko
buzo

xhaketë
blazer

xhaketë
campera

pallto
tapado

mushama shiu
piloto

kostum
traje

fustan
vestido

fustan nusërie
vestido de novia

kostum
traje

këmishë nate
camisón

pizhama
pijama

sari (veshje tradicionale indiane)
sari

shami koke
pañuelo para cabeza

çallmë
turbante

veshje për femrat e besimit musliman
burka

kaftan (lloj veshjeje tradicionale)
caftán

ferexhe
abaya

kostum banje
traje de baño

rroba banje
short de baño

pantallona të shkurtra
shorts

tuta sporti
jogging

përparëse
delantal

dorashka
guantes

kopsë

botón

syze

anteojos

byzylyk

pulsera

gjerdan

collar

unazë

anillo

vath

aro

kapuç

gorra

varëse për pallto

percha

kapele

sombrero

kravatë

corbata

zinxhir

cierre

helmetë

casco

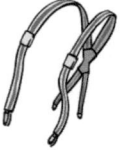

tiranda

tiradores

uniformë shkolle

uniforme escolar

uniformë

uniforme

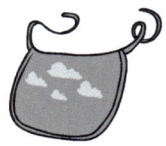

gushore

babero

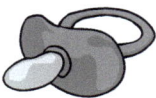

biberon

chupete

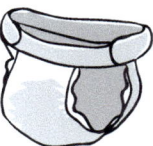

pelenë

pañal

zyrë
oficina

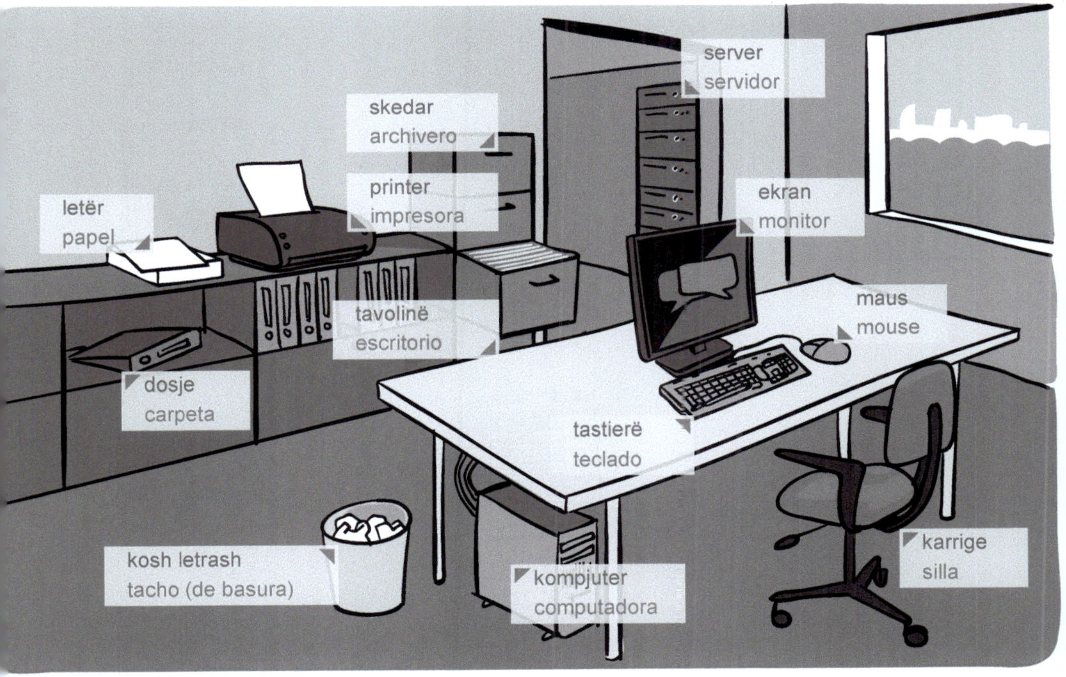
server
servidor
skedar
archivero
printer
impresora
letër
papel
ekran
monitor
maus
mouse
tavolinë
escritorio
dosje
carpeta
tastierë
teclado
kosh letrash
tacho (de basura)
kompjuter
computadora
karrige
silla

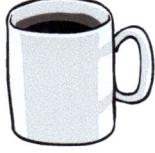

filxhan kafeje

taza de café

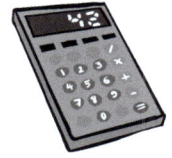

makinë llogaritëse

calculadora

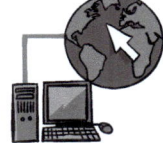

internet

internet

kompjuter portativ

laptop

letër

carta

mesazh

mensaje

telefon

celular

rrjet

red

fotokopje

fotocopiadora

program

software

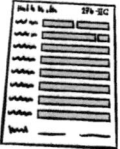

telefon

teléfono

prizë

tomacorriente

pajisje faksi

fax

formular

formulario

dokument

documento

blej

comprar

paguaj

pagar

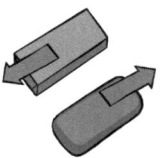

tregtoj

hacer negocios

para

dinero

dollar

dólar

euro

euro

jen

yen

rubla

rublo

franga zvicerane

franco suizo

juani kinez

yuan

rupje

rupia

bankomat

cajero automático

pikë këmbimi valutor

casa de cambio

ar

oro

argjend

plata

nafta

petróleo

energji

energía

çmim

precio

kontratë

contrato

taksë

impuesto

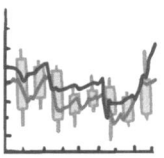

aksione

acción

punoj

trabajar

punonjës

empleado

punëdhënës

empleador

fabrikë

fábrica

dyqan

negocio

profesionet

ocupaciones

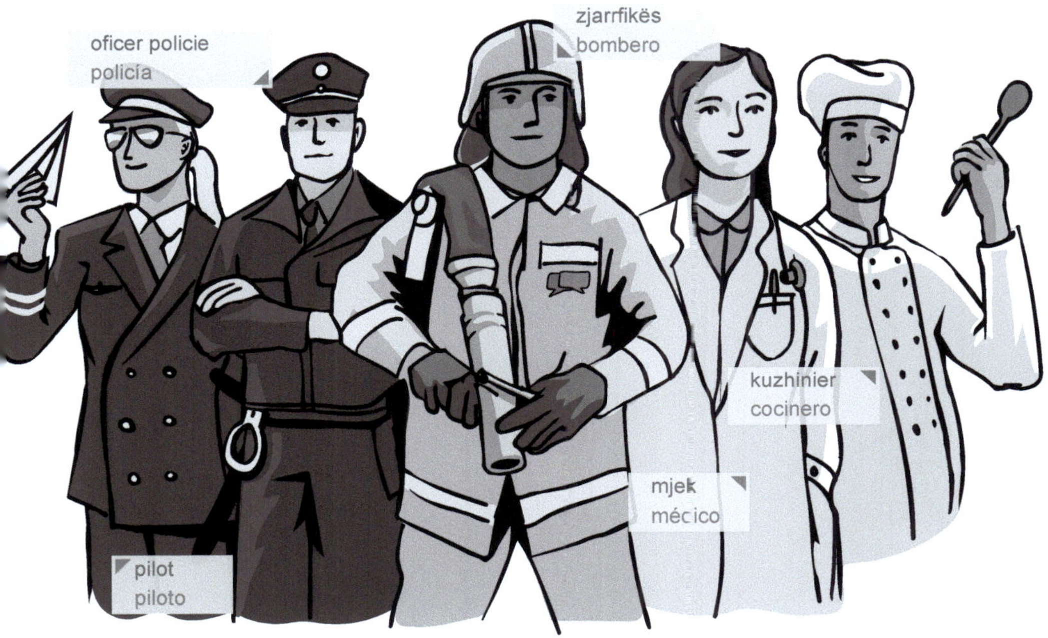
zjarrfikës
bombero
oficer policie
policía
kuzhinier
cocinero
mjek
mécico
pilot
piloto

kopshtar

jardinero

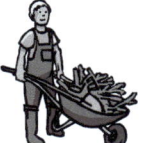

marangoz

carpintero

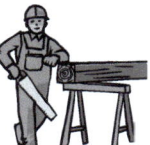

rrobaqepëse

modista

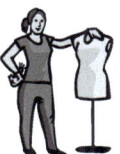

gjykatës

juez

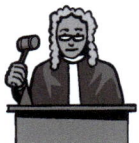

kimist

farmacéutico

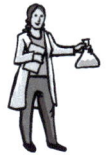

aktor

actor

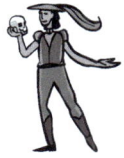

shofer autobuzi

colectivero

taksist

taxista

peshkatar

pescador

pastruese

mucama

riparues çatish

techista

kamarier

mozo

gjuetar

cazador

piktor

pintor

furrxhi

panadero

elektriçist

electricista

ndërtues

albañil

inxhinier

ingeniero

kasap

carnicero

hidraulik

plomero

postieri

cartero

profesionet - ocupaciones

ushtar

soldado

arkitekt

arquitecto

arkëtar

cajero

luleshitës

florista

berber

peluquero

kontrollor

cobrador

mekanik

mecánico

kapiten

capitán

dentist

dentista

shkencëtar

científico

rabin

rabino

imam

imán

murg

monje

klerik

sacerdote

mjete
herramientas

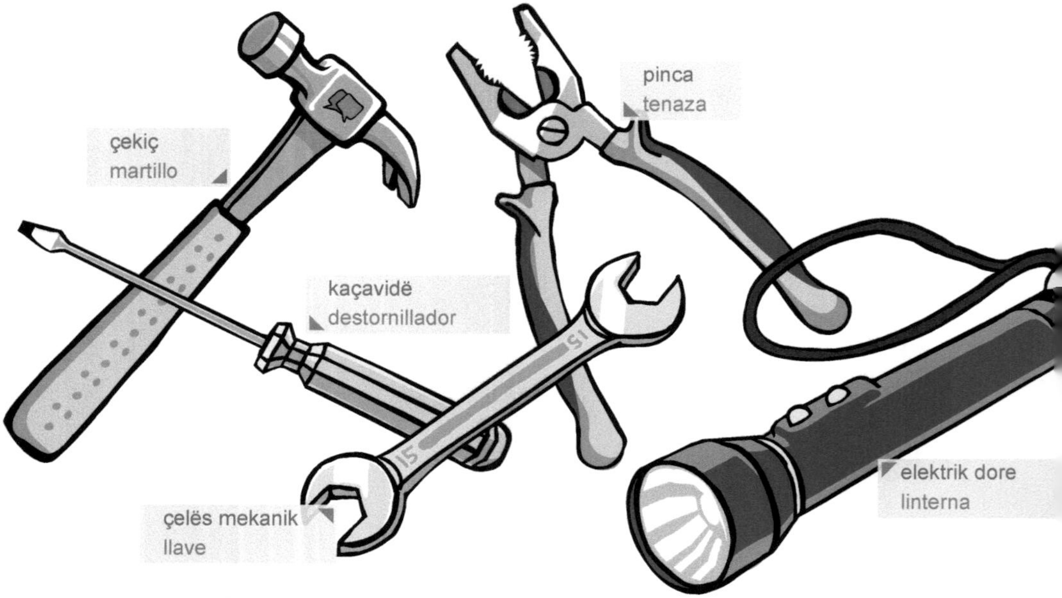
çekiç
martillo
pinca
tenaza
kaçavidë
destornillador
çelës mekanik
llave
elektrik dore
linterna

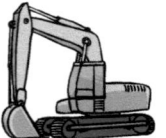

ekskavator

excavadora

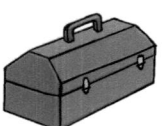

kuti veglash

caja de herramientas

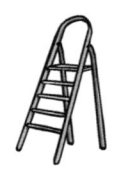

shkallë

escalera portátil

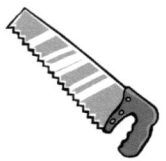

sharrë

sierra

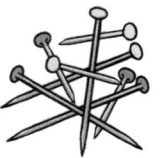

gozhdë

clavos

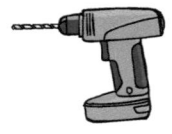

trapan

taladro

riparoj

arreglar

lopatë

pala de jardín

Dreq!

¡Qué bronca!

kaci

pala de plástico

kuti boje

tacho de pintura

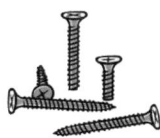

vidhë

tornillos

instrumenta muzikorë
instrumentos musicales

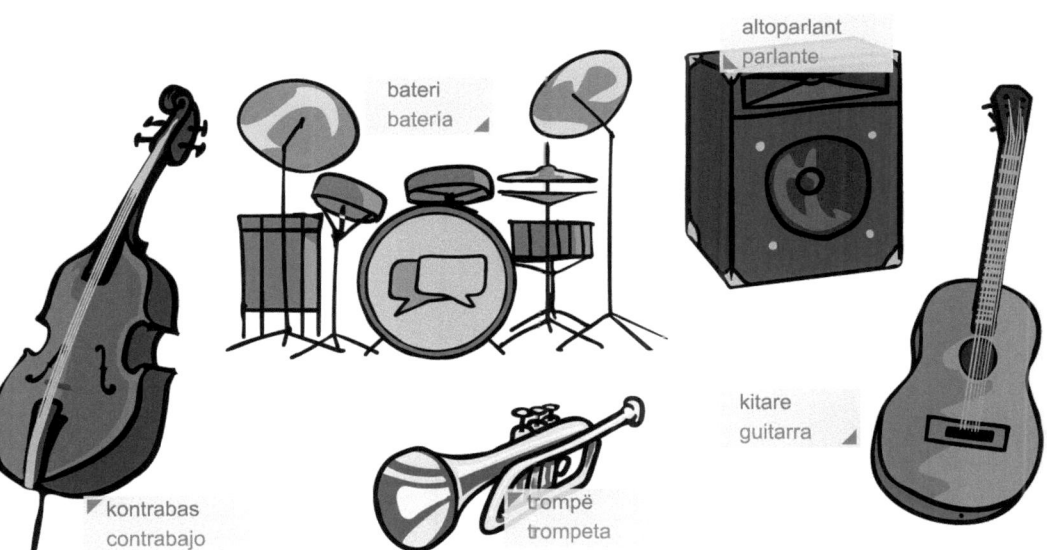

bateri
batería

altoparlant
parlante

kitare
guitarra

kontrabas
contrabajo

trompë
trompeta

piano
piano

violinë
violín

bas
bajo

tamburë
timbales

daulle
tambor

tastierë pianoje
teclado

saksofon
saxofón

flaut
flauta

mikrofon
micrófono

kopsht zoologjik

zoológico

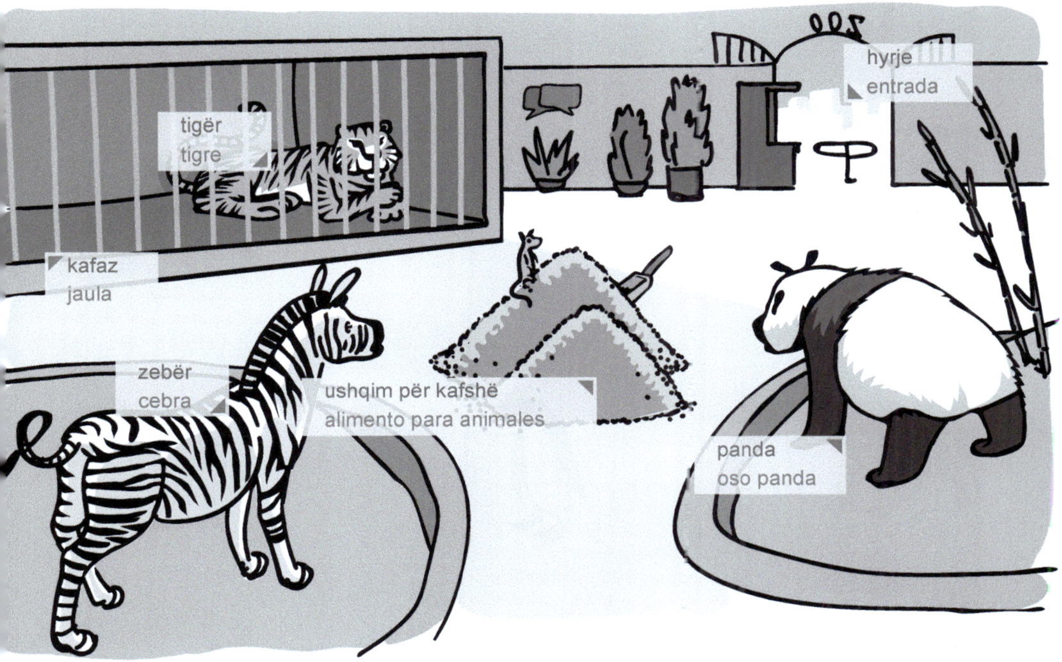
tigër
tigre
hyrje
entrada
kafaz
jaula
zebër
cebra
ushqim për kafshë
alimento para animales
panda
oso panda

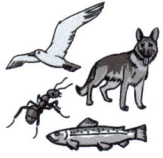

kafshë

animales

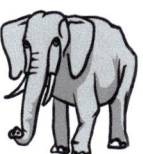

elefant

elefante

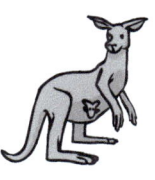

kangur

canguro

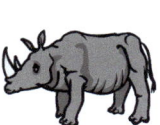

rinoceront

rinoceronte

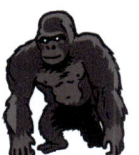

gorillë

gorila

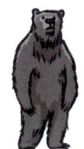

ari

oso

deve

camello

struc

avestruz

luan

león

majmun

mono

flamingo

flamenco

papagall

loro

ari polar

oso polar

pinguin

pingüino

peshkaqen

tiburón

pallua

pavo real

gjarpër

serpiente

krokodil

cocodrilo

punonjës i kopshtit zoologjik

cuidador del zoológico

fokë

foca

xhaguar

jaguar

poni
poni

leopard
leopardo

hipopotam
hipopótamo

gjirafë
jirafa

shqiponjë
águila

derr i egër
jabalí

peshk
pescado

breshkë
tortuga

lopë deti
morsa

dhelpër
zorro

gazelë
gacela

futboll amerikan
fútbol americano

çiklizëm
ciclismo

tenis
tenis

basketboll
básquet

not
natación

boks
boxeo

hokej mbi akull
hockey sobre hielo

futboll
fútbol

badminton
bádminton

atletikë
atletismo

hendboll
handball

ski
esquí

polo
polo

aktivitet
actividades

hidhem
saltar
përqafoj
abrazar
qesh
reír
eci
caminar
këndoj
cantar
ëndërroj
soñar
lutem
rezar
puth
besar

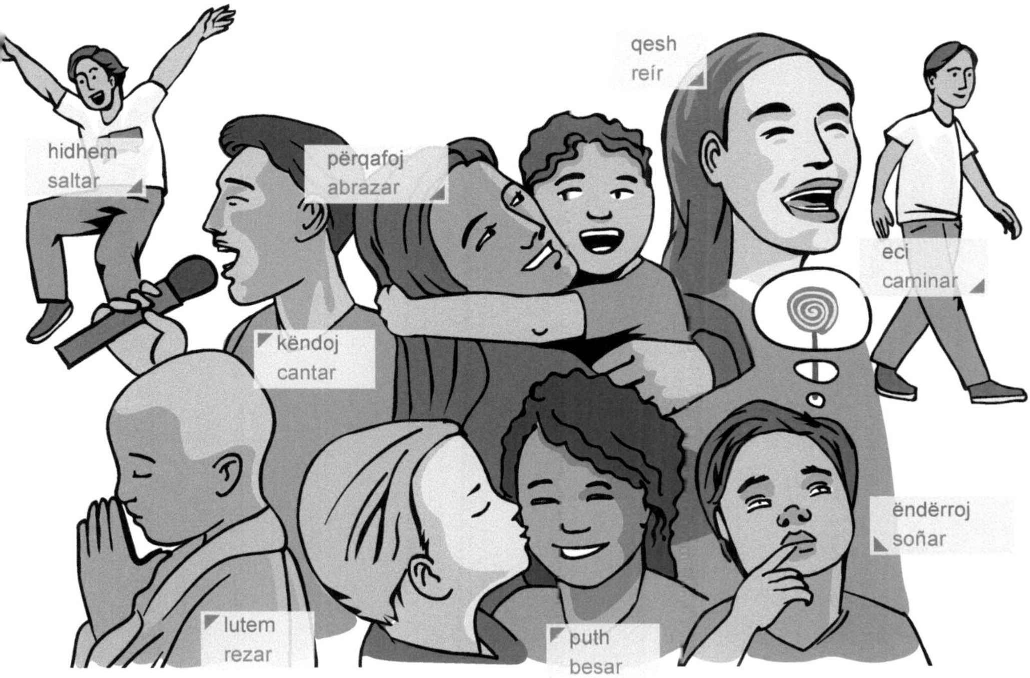

shkruaj
escribir

vizatoj
dibujar

tregoj
mostrar

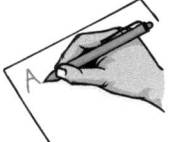

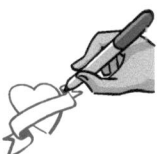

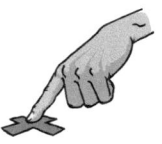

shtyj
presionar

jap
dar

marr
tomar

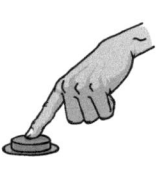

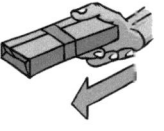

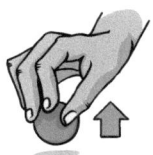

kam

tener

bëj

hacer

jam

ser

qëndroj

estar parado

vrapoj

correr

tërheq

tirar

hedh

tirar

bie

caer

shtrihem

estar acostado

pres

esperar

mbaj

llevar

ulem

estar sentado

vishem

vestirse

fle

dormir

zgjohem

despertar

shikoj
mirar

qaj
llorar

përkëdhel
acariciar

kreh
peinar

bisedoj
hablar

kuptoj
entender

kërkoj
preguntar

dëgjoj
escuchar

pi
beber

ha
comer

sistemoj
ordenar

dashuroj
amar

gatuaj
cocinar

drejtoj makinën
manejar

fluturoj
volar

lundroj

navegar

llogaris

calcular

lexoj

leer

mësoj

aprender

punoj

trabajar

martohem

casarse

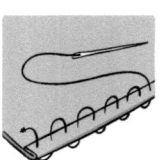

qep

coser

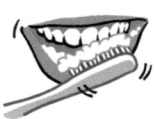

laj dhëmbët

cepillarse los dientes

vras

matar

tymos

fumar

dërgoj

enviar

gjyshe
abuela

gjysh
abuelo

baba
padre

nënë
madre

bebe
bebé

vajzë
hija

djalë
hijo

mysafir

invitado

teze, hallë

tía

dajë, xhaxha

tío

vëlla

hermano

motër

hermana

trupi
cuerpo

balli
frente
syri
ojo
shpatulla
hombro
gishti
dedo
fytyra
cara
mjekra
pera
dora
mano
këmba
pierna
krahërori
pecho
krahu
brazo

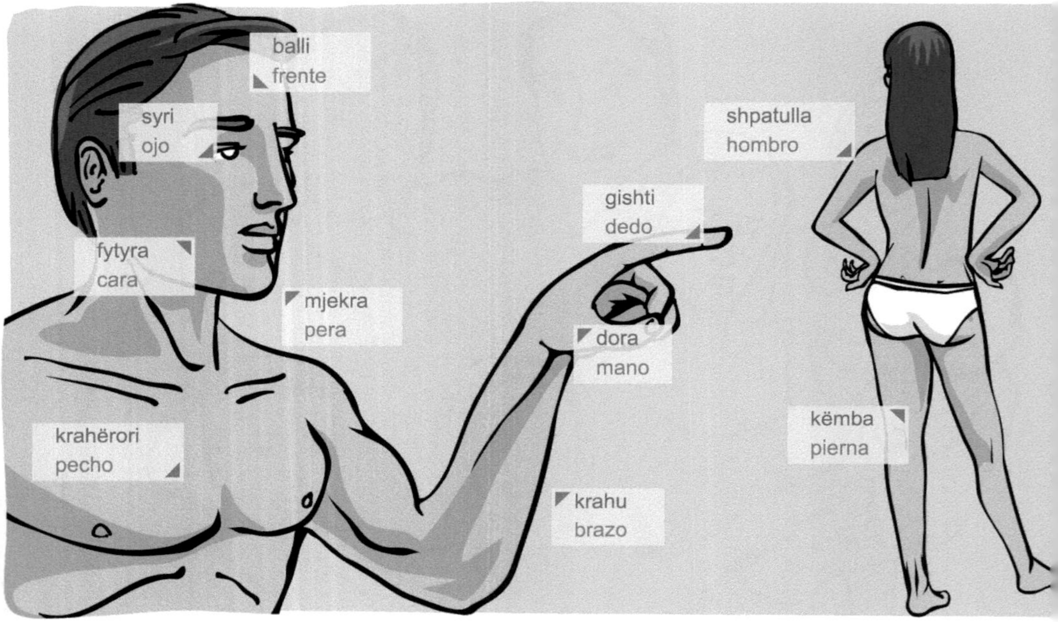

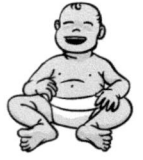

bebe
bebé

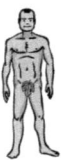

burrë
hombre

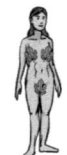

grua
mujer

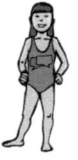

vajzë
nena

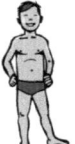

djalë
nene

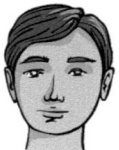

koka
cabeza

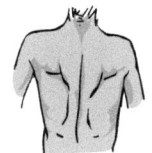

shpina

espalda

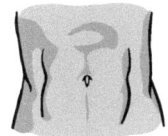

barku

panza

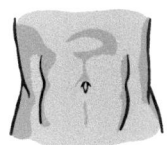

kërthiza

ombligo

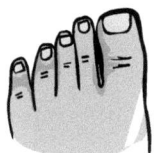

gisht këmbe

dedo del pie

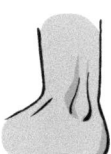

Thembra

talón

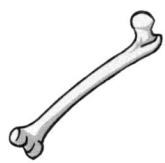

kockë

hueso

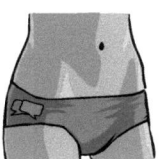

legeni

cadera

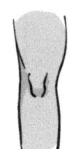

gjuri

rodilla

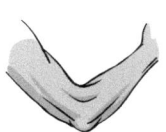

bërryli

codo

hunda

nariz

vithe

cola

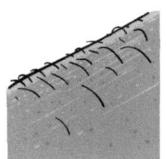

lëkura

piel

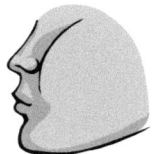

faqja

cachete

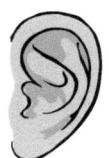

veshi

oreja

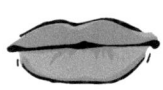

buza

labio

goja

boca

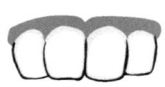

dhëmbët

diente

gjuha

lengua

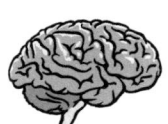

truri

cerebro

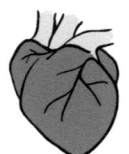

zemra

corazón

muskul

músculo

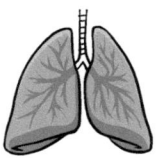

mushkëria

pulmón

mëlçia

hígado

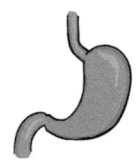

stomaku

estómago

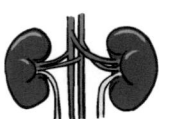

veshka

riñones

seks

sexo

prezervativ

preservativo

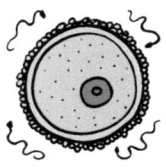

veza

óvulo

sperma

semen

shtatëzani

embarazo

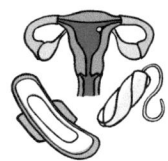

menstruacione

menstruación

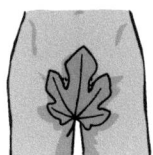

vagina

vagina

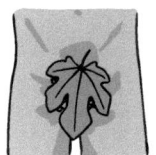

penis

pene

vetulla

ceja

flokët

pelo

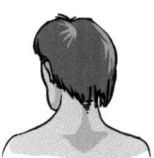

qafa

cuello

spital
hospital

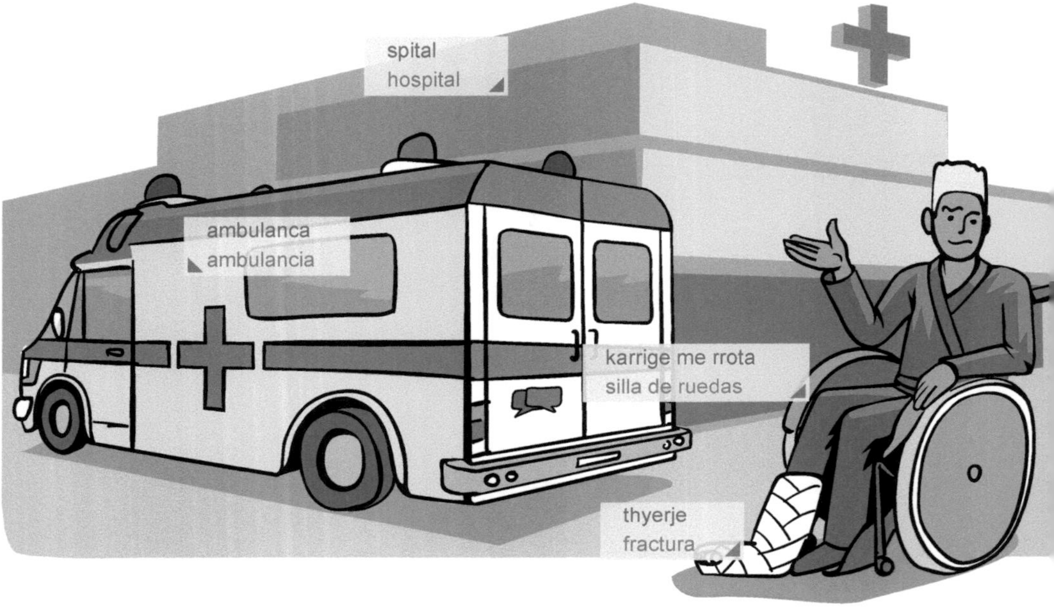

spital
hospital
ambulanca
ambulancia
karrige me rrota
silla de ruedas
thyerje
fractura

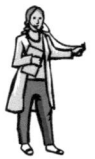

mjek

médico

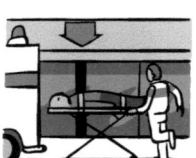

sallë urgjencash

sala de guardia

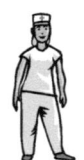

infermiere

enfermera

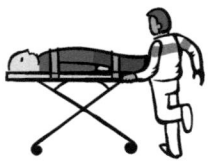

emergjencë

emergencia

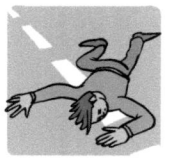

i pandërgjegjshëm

inconsciente

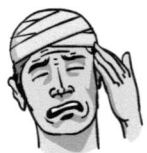

dhimbje

dolor

dëmtim

lesión

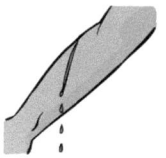

gjakosje

hemorragia

infarkt

infarto

goditje

ACV

alergji

alergia

kolla

tos

ethe

fiebre

grip

gripe

diarre

diarrea

dhimbje koke

dolor de cabeza

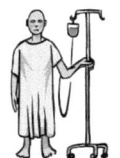

kancer

cáncer

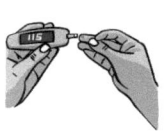

diabet

diabetes

kirurg

cirujano

bisturi

bisturí

operacion

operación

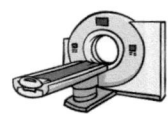

CT (skaner)
TC

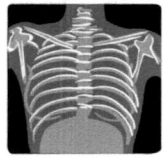

radiografi
rayos x

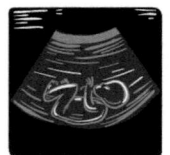

ultratingull
ecografía

maskë fytyre
barbijo

sëmundje
enfermedad

dhomë pritjeje
sala de espera

paterica
muleta

leukoplast
curita

fasho
venda

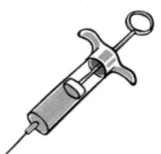

injeksion
inyección

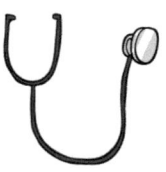

stetoskop
estetoscopio

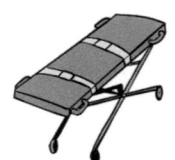

barelë
camilla

termometër
termómetro

lindje
nacimiento

mbipeshë
sobrepeso

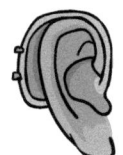

aparat dëgjimi

audífono

dezinfektant

desinfectante

infeksion

infección

virus

virus

HIV / AIDS

VIH / SIDA

mjekësi, mjekim

remedio

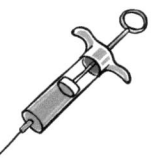

vaksinim

vacunación

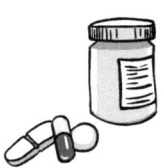

tableta

comprimidos

pilulë

pastilla anticonceptiva

telefonatë emergjence

llamada de emergencia

aparat tensioni

tensiómetro

i sëmurë / i shëndetshëm

enfermo / sano

Ndihmë!

¡Ayuda!

alarm

alarma

sulm

agresión

atak

ataque

rrezik

peligro

dalje emergjence

salida de emergencia

Zjarr!

¡Fuego!

fikëse zjarri

matafuego

aksident

accidente

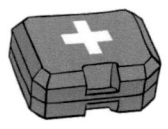

kuti e ndimës së shpejtë

botiquín de primeros auxilios

SOS

SOS

policia

policía

Europa

Europa

Amerika e Veriut

América del Norte

Amerika e Jugut

América del Sur

Afrika

África

Azia

Asia

Australia

Australia

Atlantiku

Atlántico

Paqësori

Pacífico

Oqeani Indian

Océano Índico

Oqeani Antarktik

Océano Antártico

Oqeani Arktik

Océano Ártico

Poli i veriut

polo norte

Poli i Jugut

polo sur

Antarktida

Antártida

toka

Tierra

tokë

tierra

det

mar

ishull

isla

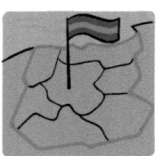

komb

nación

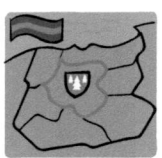

shtet

estado

fusha e orës

esfera

akrepi i orës

manecilla de las horas

akrepi i minutave

minutero

akrepi i sekondave

segundero

Sa është ora?

¿Qué hora es?

ditë

día

kohë

hora

tani

ahora

orë dixhitale

reloj digital

minutë

minuto

orë

hora

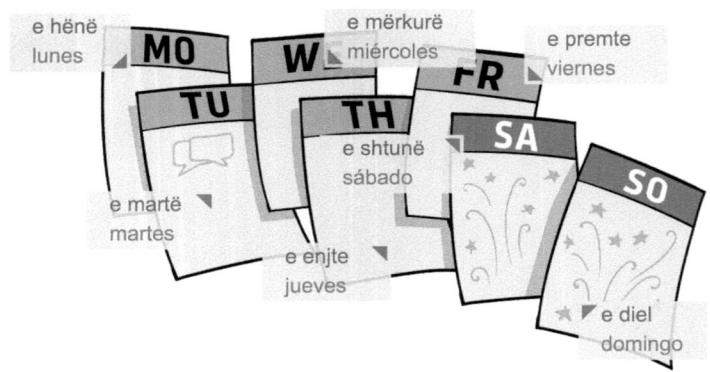

e hënë — lunes
e mërkurë — miércoles
e premte — viernes
e martë — martes
e shtunë — sábado
e enjte — jueves
e diel — domingo

dje

ayer

sot

hoy

nesër

mañana

mëngjes

mañana

mesditë

mediodía

mbrëmje

tarde

MO	TU	WE	TH	FR	SA	SU
1	2	3	4	5	6	7
8	9	10	11	12	13	14
15	16	17	18	19	20	21
22	23	24	25	26	27	28
29	30	31	1	2	3	4

ditë pune

días hábiles

MO	TU	WE	TH	FR	SA	SU
1	2	3	4	5	6	7
8	9	10	11	12	13	14
15	16	17	18	19	20	21
22	23	24	25	26	27	28
29	30	31	1	2	3	4

fundjavë

fin de semana

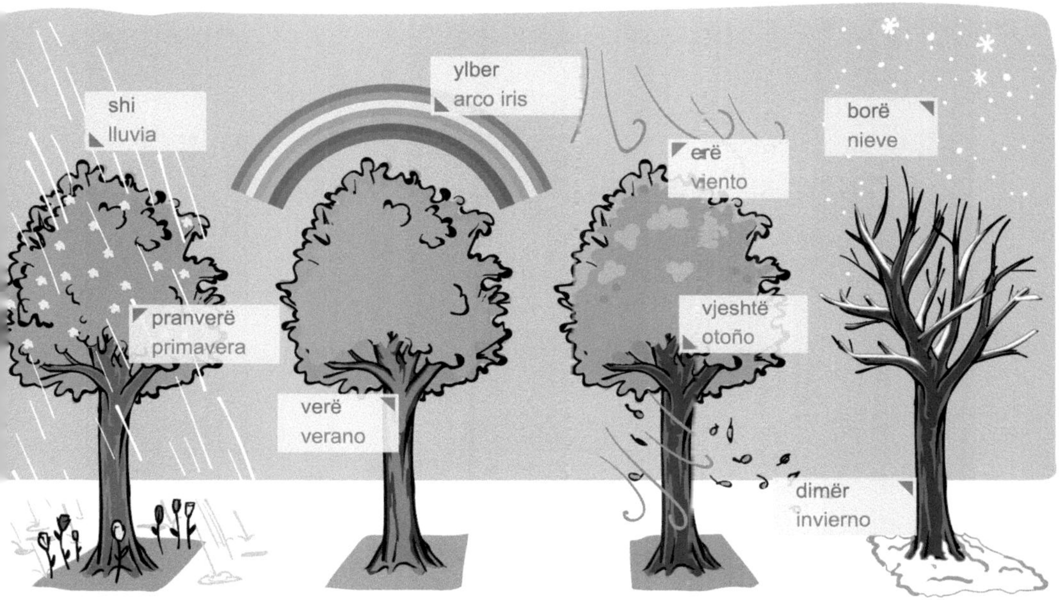

shi
lluvia

ylber
arco iris

erë
viento

borë
nieve

pranverë
primavera

vjeshtë
otoño

verë
verano

dimër
invierno

4.APRIL	11°	☀
5.APRIL	4°	☁
6.APRIL	13°	☂
7.APRIL	8°	☀
8.APRIL	10°	☀

parashikimi i motit

pronóstico meteorológico

termometër

termómetro

ndriçim dielli

luz del sol

re

nube

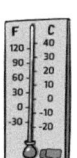

mjegull

niebla

lagështi

humedad

vetëtima

rayo

gjëmim

trueno

stuhi

tormenta

breshër

granizo

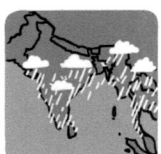

muson

monzón

përmbytje

inundación

akull

hielo

janar

enero

shkurt

febrero

mars

marzo

prill

abril

maj

mayo

qershor

junio

korrik

julio

gusht

agosto

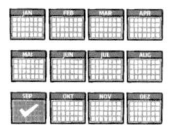

shtator
....
septiembre

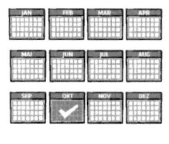

tetor
....
octubre

nëntor
....
noviembre

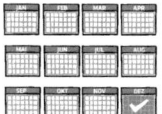

dhjetor
....
diciembre

rreth
....
círculo

katror
....
cuadrado

drejtkëndësh
....
rectángulo

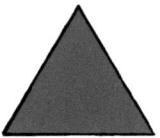

trekëndësh
....
triángulo

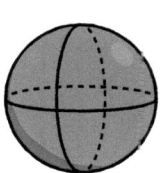

sferë
....
esfera

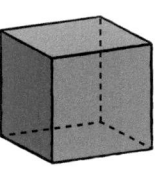

kub
....
cubo

e bardhë

blanco

e verdhë

amarillo

portokalli

naranja

rozë

rosa

e kuqe

rojo

vjollcë

violeta

blu

azul

e gjelbër

verde

kafe

marrón

gri

gris

e zezë

negro

shumë / pak

mucho / poco

i nevrikosur / i qetë

enojado / tranquilc

i bukur / i shëmtuar

lindo / feo

fillim / fund

principio / fin

i madh / i vogël

grande / chico

i ndritshëm / i errët

claro / oscuro

vëlla / motër

hermano / hermana

e pastër / e pistë

limpio / sucio

e plotë / jo e plotë

completo / incompleto

ditë / natë

día / noche

gjallë / vdekur

muerto / vivo

i gjerë / i ngushtë

ancho / angosto

i ngrënshëm / i
pangrënshëm

comestible / no comestible

i keq / i këndshëm

malo / amable

i lumtur / i mërzitur

entusiasmado / aburrido

i shëndoshë / i dobët

gordo / flaco

e para / e fundit

primero / último

mik / armik

amigo / enemigo

plot / bosh

lleno / vacío

e fortë / e butë

duro / blando

e rëndë / e lehtë

pesado / liviano

uri / etje

hambre / sed

i sëmurë / i shëndetshëm

enfermo / sano

e paligjshme / e ligjshme

ilegal / legal

i zgjuar / budalla

inteligente / estúpido

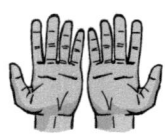

majtas / djathtas

izquierda / derecha

afër / larg

cerca / lejos

e re / e përdorur

nuevo / usado

asgjë / diçka

nada / algo

i moshuar / i ri

viejo / joven

ndezur / fikur

encendido / apagado

hapur / mbyllur

abierto / cerrado

i qetë / i zhurmshëm

silencioso / ruidoso

i pasur / i varfër

rico / pobre

e drejtë / e gabuar

correcto / incorrecto

i ashpër / i butë

áspero / suave

i mërzitur / i lumtur

triste / contento

i shkurtër / i gjatë

corto / largo

ngadalë / shpejt

lento / rápido

i lagësht / i thatë

mojado / seco

ngrohtë / freskët

caliente / frío

luftë / paqe

guerra / paz

numra
números

0
zero
cero

1
një
uno

2
dy
dos

3
tre
tres

4
katër
cuatro

5
pesë
cinco

6
gjashtë
seis

7
shtatë
siete

8
tetë
ocho

9
nentë
nueve

10
dhjetë
diez

11
njëmbëdhjetë
once

12

dymbëdhjetë

doce

13

trembëdhjetë

trece

14

katërmbëdhjetë

catorce

15

pesëmbëdhjetë

quince

16

gjashtëmbëdhjetë

dieciséis

17

shtatëmbëdhjetë

diecisiete

18

tetëmbëdhjetë

dieciocho

19

nentëmbëdhjetë

diecinueve

20

njëzetë

veinte

100

qind

cien

1.000

mijë

mil

1.000.000

milion

millón

anglisht

inglés

anglishte amerikane

inglés americano

kinezisht mandarin

chino mandarín

hindi

hindi

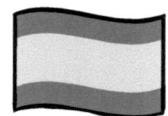

spanjisht

español

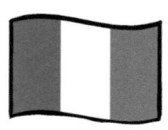

frëngjisht

francés

arabisht

árabe

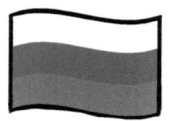

rusisht

ruso

portugalisht

portugués

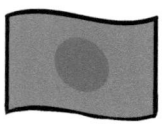

bengalisht

bengalí

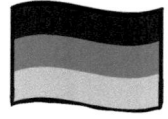

gjermanisht

alemán

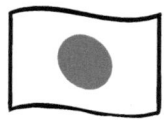

japonisht

japonés

unë

yo

ti

vos

ai / ajo

él / ella

ne

nosotros

ju

ustedes

ata

ellos

kush?

¿quién?

çfarë?

¿qué?

si?

¿cómo?

ku?

¿dónde?

kur?

¿cuándo?

emër

nombre

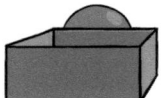

pas

detrás

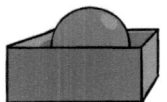

në

en

përballë

adelante de

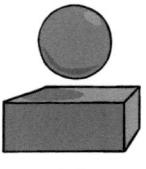

sipër

por encima de

mbi

sobre

poshtë

debajo de

pranë

al lado de

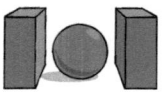

midis

entre

vend

lugar